Inhalt

3PL, 4PL oder LLP ? - Konzepte für das Logistikoutsourcing

Kernthesen

Beitrag

Fallbeispiele

Weiterführende Literatur

Impressum

//
3PL, 4PL oder LLP ? - Konzepte für das Logistikoutsourcing

I.Zeilhofer-Ficker

Kernthesen

- Die Globalisierung hat die Steuerung und das Management von Transport- und Lageraufgaben zu einer komplexen und schwer überblickbaren Aufgabe gemacht.
- Logistikdienstleister haben häufig weit umfangreichere branchenspezifische oder geographische Kenntnisse und Erfahrungen als in den Industrie- oder Handelsunternehmen verfügbar.
- Das Outsourcing von Logistikprozessen an Third oder Fourth Party Logistics Provider (3PL bzw. 4PL) oder die Ernennung eines

Lead Logistics Providers (LLP) schafft nicht nur Zugang zu diesem Knowhow sondern kann zusätzlich Kosten sparen und Servicelevels verbessern.

Beitrag

Die Globalisierung macht es möglich: Schrauben und Batterien kommen aus China, Mikrochips aus Malaysia, Kupfer aus Chile und das Kunststoffgehäuse vom Chemiewerk nebenan. Hinter komplexen Produktionsprozessen stecken heute meist noch komplexere Liefer- und Logistiknetzwerke. Hier den Überblick zu behalten und die Verfügbarkeit aller Bauteile zum Produktionstermin sicherzustellen ist zu einer schwierigen Aufgabe geworden, die immer mehr Unternehmen einem externen Spezialisten übertragen.

Globale Beschaffungs- und Verkaufsstrukturen brauchen Logistikkompetenz

Global agierende Unternehmen haben es oft mit einem komplizierten Netzwerk von Kunden,

Lieferanten, Produktions- bzw. Lagerstätten und Verwaltungsstandorten zu tun. Selbst versierteste Logistiksachbearbeiter kommen leicht ins Schleudern, wenn es darum geht, Sendungen ins hinterste China oder in ein Buschdorf in Tansania zu verschicken. Nicht nur Zoll- und Einfuhrbestimmungen sind zu beachten, sondern auch ein verlässlicher Transporteur ist zu finden, der die Ware zum gewünschten Zeitpunkt beim Kunden abliefert. (5)

Da Kompetenzen zwischen den Spediteuren oft geografisch eingeschränkt oder auf einen bestimmten Transportweg beschränkt sind, haben es die Logistikabteilungen meist mit einer Vielzahl von verschiedenen Dienstleistern zu tun. Gibt es mehrere Standorte, so werden Transportaufträge häufig an die bekannten, regional agierenden Logistikunternehmen vergeben, ohne dass auf die Kostenvorteile von größeren Transportvolumina geachtet wird. In dieser Situation den Überblick zu bewahren oder überhaupt herzustellen, stellt sich häufig als Herkulesaufgabe dar. Ohne die entsprechende Informationstechnologie ist sie überhaupt nicht zu bewältigen. Noch schwieriger scheint es, zusätzlich die Kosten im Griff zu behalten bzw. Einsparpotenziale zu identifizieren. Im Licht dieser Tatsachen entscheiden sich immer mehr Unternehmen, ihre Logistik ganz oder teilweise an externe Spezialisten auszulagern. (5), (6)

Eine ganze Reihe von Logistikanbietern verfügen über ein umfangreiches geographisches Wissen und/oder Branchenkenntnisse die sie mit den entsprechenden IT-Systemen verknüpft haben. Meist können sie sogar zusätzliche Aufgaben wie die Auftragsabwicklung, Lagerführung, Kommissionierung und Verpackung, Warenannahme, Retourenabwicklung und anderes übernehmen. Die erste Frage, die sich ein Unternehmen vor der Auslagerung von Logistikaufgaben stellen muss, ist die nach dem passenden Konzept. (1), (2), (6), (7)

3PL, 4PL und LLP

Unter Third Party Logistics Provider (3PL) versteht man einen Logistikdienstleister, der neben seinen Kernkompetenzen Transport und Lagerung zusätzliche Leistungen übernehmen kann. Dabei verfügt der 3PL über einen eigenen Fuhrpark oder eigene Lagerhallen. Partnerschaften oder Tochterfirmen ermöglichen die globale Abdeckung. Bei der Auswahl der oder des 3PL sollte man versuchen, Schwächen in der eigenen Organisation auszugleichen. Hat man beispielsweise ein gut funktionierendes Transportnetz in Nordamerika aufgebaut und will nun nach Südamerika expandieren, so wird man nach einem 3PL Ausschau halten, der über ein belastbares und bewiesenes Logistiknetz in dieser Region verfügt. Oder hat man sich entschlossen, neue Lieferanten in China zu berücksichtigen, so sucht man nach einem 3PL, der gute Kontakte nach China und Erfahrung mit der Einfuhr chinesischer Waren vorweisen kann. (4)

Der Fourth Party Logistics Provider (4PL) dagegen verfügt über keine eigenen Assets wie Fahrzeuge oder Lager, sondern koordiniert, steuert und managt die logistischen Abläufe seiner Kunden als Generalunternehmer. Er fungiert dabei als Mittler zwischen seinem Auftraggeber und den unterschiedlichen Logistikdienstleistern mit der Zielsetzung, die gesamte Lieferkette zu optimieren. Als unabhängiger Partner hat er dabei sowohl die Kosten- als auch die Ablaufoptimierung zum Ziel. Der 4PL zeichnet sich durch eine überragende Informationstechnologie aus, die für die notwendige Transparenz der logistischen Prozesse und Abläufe sorgt. (5), (6), (7)

Andere Unternehmen sind dazu übergegangen, einen ihrer wichtigen und verlässlichen Logistikpartner zum Lead Logistics Provider (LLP) zu ernennen und diesem die Koordinierung und das Management der anderen Dienstleister zu übertragen. Dadurch vereinfacht sich Abwicklung beim Auftraggeber, da dieser für alle Fragen betreffend der Logistik nur noch einen Ansprechpartner und damit einen geringeren administrativen Aufwand hat. Voraussetzung ist allerdings, dass der LLP die entsprechende Kompetenz und technische Infrastruktur mitbringt. Nur so kann sichergestellt werden, dass alle Logistikleistungen transparent, verlässlich und kostengünstig durchgeführt werden. (8)

Für welches Konzept man sich auch entscheidet, ausschlaggebend für die Vertragsvergabe darf auf keinen Fall der Preis alleine sein. Als Logistikpartner sollten vor allem Unternehmen gewählt werden, die bewiesen haben, dass sie kompetent, zuverlässig und kostenbewusst arbeiten. Eine Vertragsgestaltung, die den Dienstleister beispielsweise an erreichten Kosteneinsparungen unter Einhaltung vereinbarter Servicelevels beteiligt, kann sich hier als überaus Ziel führend erweisen. Unabdingbar ist eine ausgefeilte Informationstechnik, die sich relativ leicht mit den Firmensystemen verbinden lässt. (9)

Fallbeispiele

Nachdem ein Unternehmensberater bei dem

amerikanischen Keramikroduzenten **Vesuvius** eine Straffung der Logistikprozesse angeregt hatte, engagierte man die Firma **Logistics Management Solutions (LMS)** als 3PL, die nun für alle Transporte der zwölf Produktionsstandorte zuständig ist. Alle Logistikprozesse kamen auf den Prüfstand und wurden optimiert. Durch die Fokussierung auf drei Hauptspediteure konnten die Kosten gesenkt und die Liefertreue verbessert werden. Die erzielten Kosteneinsparungen werden zwischen Vesuvius und LMS aufgeteilt. (11)

Der Einkaufsdienstleister **HPI** kooperiert seit einiger Zeit mit dem Fourth Party Logistics Anbieter **4PL Central Station** unter dem Namen 4HPL. Die Kooperation übernimmt das komplette Sourcing der Logistikleistungen aber auch die Optimierung aller Einkaufs- und Logistikprozesse. Mithilfe eines Frachtkosten-Simulationsprogramms werden auch komplexe Frachtstrukturen analysiert und das günstigste Angebot ermittelt. Bei einem Verpackungshersteller konnten bei gleich bleibender Qualität rund acht Prozent Logistikkosten eingespart werden. (6)

Die **Alpha Group/WLS** fungiert als LLP für **McDonalds Deutschland** und steuert die Lieferung von bis zu 2 000 verschiedenen Zutaten an die 1 300 MCDonalds-Betriebsstätten. Angefangen hatte Alpha als Logistikdienstleister für Transport und Lagerung im Jahr 1981, nun managt das Unternehmen die gesamte Lieferkette. Ein hochmodernes IT-System ermöglicht Alpha die zuverlässige Auffüllung der Vorräte in den Verkaufsstellen sowie die Lieferung von Promotionsartikeln. Seit 2005 garantiert Alpha die Rückverfolgbarkeit der Waren entlang der gesamten Lieferkette. (12)

Ebenfalls als LLP handelt die **Menlo Worldwide** für die Hersteller von medizinischen Geräten **Maquet** und **Argo**. Menlo betreibt alle Distributionszentren für die Auftraggeber und managt alle Transporte inklusive der Produktionszulieferung und Fertigteilauslieferungen. Als wichtigstes Asset nennt Menlo seine Informationstechnik, die kontinuierlich auf dem neuesten Stand gehalten wird. (13)

Weiterführende Literatur

(1) Avnet Logistics: Informationstechnische Anbindung gewinnt an Bedeutung Globale Vernetzung als anhaltender Trend
aus Markt & Technik, Heft 37/2008, S. 46

(2) O.V., Strategic Reasons for Using a 3PL, Industry Week, United States, Nr. 257 (2008) 6, S. 80, 01.06.2008
aus Markt & Technik, Heft 37/2008, S. 46

(3) Buyers search the globe for the right logistics partners, strategy.
aus Purchasing, United States (PURCHAFT), 137 (2008) 7 page 102

(4) O.V., How to Select a Third Party Logistics Provider, Industry Week, United States, No. 257 (2008) 6, S. 78, 01.06.2008
aus Purchasing, United States (PURCHAFT), 137 (2008) 7 page 102

(5) KN sieht Zukunft für 4PL-Konzept
aus DVZ, Nr. 096 vom 09.08.2008

(6) Produzenten senken Beschaffungskosten
aus MM Logistik 03 vom 11.04.2008 Seite 64

(7) Eine Logistikfirma ohne Lastwagen
aus CASH Die Wirtschaftszeitung der Schweiz vom 10.08.2006 Seite 16

(8) Erfolgreich akquirieren mit der Logistikbilanz des Verladers
aus DVZ, Nr. BSPE vom 08.07.2008

(9) What goes around comes around.
aus Purchasing, United States (PURCHAFT), 137 (2008) 4 page 39

(10) Logistik-Studie der TU Berlin Was Kontraktlogistik-Kunden wirklich wollen
aus BA Beschaffung aktuell, Heft 9, 2008, S. 73

(11) Vesuvius makes the most of its 3PL implementation.
aus Purchasing, United States (PURCHAFT), 137 (2008) 6 page 21

(12) Modernste IT-Technologie macht's möglich
aus Food Service Nr.06 vom 16.06.2008 Seite S033

(13) Menlo geht auf Europatour
aus DVZ, Nr. 060 vom 17.05.2008

Impressum

3PL, 4PL oder LLP ? - Konzepte für das Logistikoutsourcing

Bibliografische Information der deutschen Nationalbibliothek

Die Deutsche Nationalbibliothek verzeichnet diese Publikation in der deutschen Nationalbibliografie; detaillierte bibliografische Daten sind im Internet über http://dnb.d-nb.de abrufbar.

ISBN: 978-3-7379-1087-3

© 2015 GBI-Genios Deutsche Wirtschaftsdatenbank GmbH, Freischützstraße 96, 81927 München, www.genios.de

Alle Rechte vorbehalten. Dieses Werk ist einschließlich aller seiner Teile – z.B. Texte, Tabellen und Grafiken - urheberrechtlich geschützt. Jede Verwertung außerhalb der Grenzen des Urheberrechtsgesetzes bedarf der vorherigen Zustimmung des Verlags. Dies gilt insbesondere auch für auszugsweise Nachdrucke, fotomechanische Vervielfältigungen (Fotokopie/Mikroskopie), Übersetzungen, Auswertungen durch Datenbanken oder ähnliche Einrichtungen und die Einspeicherung und Verarbeitung in elektronischen Systemen.